ARLEQUIN

PIÈCE A TIROIRS

POUR PENSIONNATS DE JEUNES GENS,

PAR

MOLIÈRE, BOURSAULT, ANDRIEUX, REBOUL (de Nîmes), &.

PERSONNAGES.

GUSTAVE.
ERNEST.
MERLIN.
LA RISSOLE.
JULES.
ROBERT.
HENRI DE CRAC.

M. JOURDAIN.
UN MAITRE DE MUSIQUE.
UN MAITRE DE DANSE.
UN MAITRE D'ARMES.
UN MAITRE DE PHILOSOPHIE.
ALFRED.

SCÈNE PREMIÈRE.

GUSTAVE.

Comment! je suis le premier arrivé! Ah! parbleu, voilà qui est surprenant. Il est vrai que je savais bien de ne pas venir en classe, mais au contraire me rendre ici pour assister à la cérémonie qui doit la fermer pour quelque temps, ce qui rend mon empressement assez explicable, après tout. (*D'un ton emphatique.*) Me voilà donc arrivé ce jour solennel, ce jour qui... ce jour que... Peuh! (*Il chante.*)

Vive la joie!

Ah! mon Dieu! et moi qui n'y pensais plus! Étourdi que je suis! La distribution va commencer, j'ai un morceau à réciter, et je ne le sais pas encore bien. Si j'allais me troubler... Dame! quand on n'est pas habitué à parler en public! et personne ici à qui je puisse le réciter d'avance, pour me donner un peu de hardiesse. Si je pouvais m'improviser un auditeur. Oh! une idée lumineuse. C'est l'intelligence, a dit quelque part un auteur, qui distingue l'homme de la bête : distinguons-nous, distinguons-nous... (*Il prend un manche à balai et le recouvre d'un chapeau.*) Là! voilà mon affaire; un auditeur bienveillant, qui ne battra pas des mains, c'est possible, mais qui ne me fera pas les cornes non plus, j'aime à le croire. Attention maintenant, et voyons un peu mon histoire.

Harangue du Curé de Montlhéry.

Certain jour, le bon roi Henri,
Revenant d'assez long voyage,
Allait entrer à Montlhéri.
Eh! vite, eh! vite à son passage
Accourent tous les habitants.
Le curé s'est mis à leur tête,
A le haranguer il s'apprête.
Mais n'ayant eu que peu d'instants
Pour préparer ce qu'il doit dire,
Il se présente et lui dit : « Sire,
Les habitants de Montlhéri
Sont charmés de vous voir ici.
— Bien, dit le vainqueur de la Ligue,
Votre harangue me plaît fort;
Mais je voudrais l'entendre encor,
Bis, si cela ne vous fatigue.
— Point du tout, sire. » Et sur-le-champ,
D'une voix plus ferme et plus nette,
Notre bon curé lui répète
Son court et naïf compliment.
« Encor mieux, dit le roi; j'ordonne
Que pour ses indigents l'on donne
Cent écus au digne pasteur.
— *Bis*, sire, répond l'orateur.
— Ventre-saint-gris! j'aime cet homme,
Dit le bon monarque en riant.
Eh bien! soit. Je double la somme. »
L'ordre s'exécute à l'instant,
Et pour terminer mon histoire,
Le roi, le curé, l'auditoire,
Tout le monde s'en fut content.

Eh bien, monsieur mon auditeur, que dites-vous de cette tirade, hein?...

SCÈNE II.

GUSTAVE, ERNEST, *qui est entré doucement en scène avant la fin du morceau.*

ERNEST.
Bravo! Gustave, bravo! bravo!

GUSTAVE.
Tiens, tu m'as entendu?

ERNEST.
Parfaitement, et je ne sais pas si je dois en croire mes oreilles; jamais je ne t'ai entendu en dire si long.

GUSTAVE.
Que veux-tu, mon cher? Il faut bien savoir se mettre à la hauteur des circonstances.

ERNEST, *apercevant le chapeau.*
Ah! mon Dieu! Oh, oh, oh! voilà qui est curieux. Est-ce que tu as peur des moineaux, par hasard?

GUSTAVE.
Peur des moineaux! Que veux-tu dire?

ERNEST.
C'est très-simple : je te demande quel rôle joue ici cet énorme tromblon, dressé sur une perche en guise d'épouvantail?

GUSTAVE.
Qu'est-ce que tu appelles un tromblon?

ERNEST.
Parbleu! c'est ce chapeau vénérable et de couleur d'oreille d'ours, qui te vient sans doute de ton arrière-grand-père.

GUSTAVE.
Ce chapeau... mais, mon cher, je te prie de parler de mon auditoire avec un peu plus de circonspection.

ERNEST.
Ton auditoire!

GUSTAVE.
Certainement, ou, si tu l'aimes mieux, mon audi-

teur ; c'est à lui que je récitais tout à l'heure le morceau que tu as entendu.

ERNEST.

Ah bien! il est joli ton auditeur! J'ai bien envie de lui réciter quelque chose de mon côté, pour voir quelle mine il fera.

GUSTAVE.

Ne t'y trompe pas ; je te préviens qu'il est très-difficile, et qu'il ne veut entendre que des morceaux choisis et peu connus.

ERNEST.

Dans ce cas j'ai de quoi le satisfaire.

GUSTAVE.

C'est ce que nous allons voir.

ERNEST.

Voyons : si je lui récitais la mort d'Hippolyte ?

GUSTAVE.

Seigneur, ayez pitié de nous! Tu ne te rappelles donc pas que cet interminable récit m'a valu plus de trente pensums! As-tu envie de me faire bâiller à me démonter les mâchoires ? (*Avec emphase.*)

> A peine nous sortions des portes de Vincennes,
> Sur son âne il était ; moi j'étais sur le mien ;
> Il ne me disait mot, je ne répondais rien ;
> Ainsi finit, seigneur, ce pénible entretien.

ERNEST.

Soit. Je respecte tes scrupules. Veux-tu que je lui dise alors les *Animaux malades de la peste ?*

GUSTAVE.

Eh! mon cher, que la peste t'étouffe toi-même! Aimez-vous la peste? on en a mis partout : la peste d'Athènes, la peste de Florence, la peste de Marseille. Peste de ta peste! est-ce là, mon ami, ce que tu appelles du nouveau?

ERNEST.

Tu es bien difficile : je vais donc réciter *Philémon et Baucis.*

GUSTAVE.

Serviteur, au plaisir de te revoir! « Baucis devint

tilleul, Philémon devint chêne ; » et toi, mon très-cher, tu deviens perruque, classique et ennuyeux au quatorzième degré.

ERNEST.

Ah! ma foi, je ne sais plus qu'une fable; et tant pis si tu n'es pas content.

GUSTAVE.

Voyons un peu.

ERNEST.

C'est *la Cigale et la Fourmi*.

GUSTAVE.

De mieux en mieux! c'est amusant, instructif, touchant, et surtout nouveau.

> La cigale ayant chanté
> Tout l'été,
> Se trouva fort....

ERNEST.

Ce n'est pas cela du tout, mon cher monsieur Gustave; vous donnez tout à fait de travers. Parlons peu et parlons bien, s'il vous plaît.

GUSTAVE.

Comment! ce n'est pas la fable de La Fontaine que tu vas réciter?

ERNEST.

Pas le moins du monde.

GUSTAVE.

Eh bien! je suis curieux de l'entendre.

ERNEST.

La Cigale et la Fourmi.

Les vents d'hiver soufflaient, et les prés sans verdure,
Aux insectes ailés refusaient la pâture,
Et la pauvre cigale, hélas!
Se morfondait sur le verglas.
A la fourmi, grosse rentière,
On se souvient qu'alors, un jour qu'elle avait faim,
Elle alla conter son chagrin
En lui disant à sa manière :
Je n'ai pas une mouche à mettre sous la dent,
Prêtez-moi, je vous prie, à cinquante pour cent,
Je vous rendrai le tout à la saison nouvelle,

Intérêt, capital, en mouches ou millet,
Et je vais sur-le-champ vous signer mon billet.
Mais on sait aussi que la belle
Lui répond brusquement : J'ai gagné mes trésors
A force de travail, de peines et d'efforts,
Pendant que dans votre boutique
Vous faisiez.... quoi ? de la musique.
Cessez donc de m'importuner,
Et de ce pas, ma mie, allez vous promener.

GUSTAVE.

Malhonnête !

ERNEST.

Ah ! ne m'interromps pas, je te prie, garde tes réflexions pour quand j'aurai fini.

GUSTAVE.

C'est bien, continue. Je suis muet...

ERNEST.

La cigale aussitôt, dévorant ses souffrances,

GUSTAVE.

Comme un poisson.

ERNEST.

Comment ! comment ! La cigale dévorant ses souffrances comme un poisson.

GUSTAVE.

Mais non, mais non, mais non. « Je suis muet comme un poisson. » Tu ne me laisses pas achever...

ERNEST, *reprenant*.

La cigale aussitôt, dévorant ses souffrances...

GUSTAVE, *continuant*.

Tu me coupes la parole.

ERNEST.

Ah ! pour le coup, voilà qui est un peu fort. C'est moi qui...

GUSTAVE, *vivement*.

Oui, c'est toi qui me la coupes, tu me l'as coupée.

ERNEST.

Soit encore, coupons court. Je continue.

S'en fut sur un brin d'herbe, et pour cacher ses maux,
Voulut chanter une de ses romances ;
Mais, hélas ! elle chanta faux.

GUSTAVE, *à part*.
Juste, comme notre professeur de musique.
ERNEST.
Cependant l'ouvrière, au fond bonne personne,
Se disait : La cigale a faim, le fait est sûr
    Et moi, qu'on trouve douce et bonne,
J'ose la repousser ! ah ! j'ai le cœur bien dur.
Cela dit, elle prend force provisions,
    Mil, vermisseaux et moucherons,
Et sur-le-champ va remplir la cuisine
    De la cigale, sa voisine.
Sur le soir celle-ci rentre dans son logis,
    Abattue et presque sans vie.
Soudain elle aperçoit une table servie ;
Qu'est ceci, se dit-elle, aurais-je des amis ?
    Et d'où me vient une telle abondance ?
    Je te rends grâce, ô Providence !
Mais que vois-je ? ô fourmi, je reconnais ton pas,
C'est toi qui viens ici m'arracher au trépas.....
    Oui, fourmi bonne et généreuse,
Je veux à l'avenir, toujours laborieuse,
Semer pour recueillir une riche moisson.....
Grâce à ton bon cœur j'ai compris la leçon.

GUSTAVE.
A la bonne heure ! voilà qui me réconcilie avec la fourmi. D'ailleurs, parce qu'on aime l'activité et le travail, ce n'est pas une raison pour manquer de cœur ; qu'en dis-tu, mon ami ?

ERNEST.
Assurément, et cet éloge des gens laborieux me plaît infiniment dans ta bouche, je lui trouve deux fois plus de prix.

GUSTAVE.
Mauvais plaisant !

SCÈNE III.
Les mêmes, MERLIN, *mise outrée*.

MERLIN.
Ah, pardieu ! enchanté de vous rencontrer ici. Comment paortez-vous, vous, comme disent les Anglais ?

GUSTAVE.
Tiens, c'est ce cher Merlin ! quelle bonne surprise !

ERNEST.

D'où diable sors-tu? Sur quels bords fortunés s'écoule ton existence, depuis que nous ne jouons plus ensemble au cheval fondu?

MERLIN.

Oh! pas loin d'ici, à deux pas, aux bureaux du *Mercure*.

GUSTAVE.

Comment donc es-tu devenu si rare?

MERLIN.

Parbleu! je ne sors presque jamais; j'ai toujours de la besogne à faire frémir feu Hercule lui-même.

ERNEST.

Ah, bah! Et quelle besogne?

MERLIN.

Imaginez-vous que je suis aujourd'hui un grand écrivain; du moins, c'est moi qui soigne les papiers du rédacteur en chef, qui taille ses plumes et ses crayons, et vous comprenez...

ERNEST.

Que tu es un homme de plume, forcément.

MERLIN.

C'est cela même, et un fameux, je peux m'en vanter. J'ai sous ma direction les *faits divers*, annonces, réclames, mariages et décès, et j'ai recommandé à mon garçon de bureau (car j'ai aussi un garçon de bureau qui soigne mes papiers, qui taille mes plumes, mes crayons, etc.); j'ai, dis-je, recommandé à ce digne subalterne de m'envoyer ici les chalands qui se présenteraient à mon bureau en mon absence; et, tenez, en voici un précisément. Attention, mes amis! vous allez assister, gratis, à une scène de mœurs intéressante. J'en savoure comme cela vingt par jour. (*Il s'assied à une table.*)

SCÈNE IV.
Les mêmes, LA RISSOLE.

LA RISSOLE.

Bonjour, mes camarades.
J'entre sans dire gare, et cherche à m'informer

Où se trouve un monsieur que je ne puis nommer.
Est-ce ici ?
MERLIN.
Quel homme est-ce ?
LA RISSOLE.
Un bon vivant, allègre ;
Qui n'est grand ni petit, noir ni blanc, gras ni maigre :
J'ai su de son libraire, où souvent je le vois,
Qu'il fait jeter en moule un livre tous les mois.
C'est un vrai juif errant, qui jamais ne repose.
MERLIN.
Dites-moi, s'il vous plaît, voulez-vous quelque chose?
L'homme que vous cherchez est mon maître.
LA RISSOLE.
Est-il là?
MERLIN.
Non.
LA RISSOLE.
Tant pis, je voulais lui parler.
MERLIN.
Me voilà ;
L'un vaut l'autre. Je tiens un registre fidèle ;
Où chaque heure du jour j'écris quelque nouvelle;
Fable, histoire, aventure, enfin quoi que ce soit,
Par ordre alphabétique est mis en son endroit.
Parlez.
LA RISSOLE.
Je voudrais bien être dans *le Mercure;*
J'y ferais, que je crois, une bonne figure.
Tout à l'heure, en buvant, j'ai fait réflexion
Que je fis autrefois une assez belle action ;
Si le roi le savait, j'en aurais de quoi vivre.
La guerre est un métier que je suis las de suivre.
Mon capitaine, instruit du courage que j'ai,
Ne saurait se résoudre à me donner congé.
J'en enrage.
MERLIN.
Il fait bien, donnez-vous patience...
LA RISSOLE.
Mordié ! je ne saurais avoir ma subsistance.
ERNEST.
Il est vrai, le pauvre homme ! il fait compassion.
LA RISSOLE.
Or, donc, pour en venir à ma belle action,
Vous saurez que toujours je fus homme de guerre,
Et brave sur la mer autant que sur la terre.
J'étais sur un vaisseau quand Ruyter fut tué.
Et j'ai même à sa mort le plus contribué :

Je fus chercher le feu que l'on mit à l'amorce
Du canon qui lui fit rendre l'âme par force.
Lui mort, les Hollandais souffrirent bien des *mals*.
On fit couler à fond les deux *vice-amirals*.
MERLIN.
Il faut dire des maux, vice-amiraux ; c'est l'ordre.
LA RISSOLE.
Les vice-amiraux donc ne pouvant plus nous mordre
Nos coups aux ennemis furent des coups *fataux*;
Nous gagnâmes sur eux quatre combats *navaux*.
MERLIN.
Il faut dire fatals et navals ; c'est la règle.
LA RISSOLE.
Les Hollandais, réduits à du biscuit de seigle,
Ayant connu qu'en nombre ils etaient *inégals*,
Firent prendre la fuite aux vaisseaux *principals*.
MERLIN.
Il faut dire inégaux, principaux : c'est le terme.
LA RISSOLE.
Enfin, après cela nous fûmes à Palerme.
Les bourgeois à l'envie nous firent des *régaux*;
Les huit jours qu'on y fut furent huit *carnavaux*.
MERLIN.
Il faut dire régals et carnavals.
LA RISSOLE.
                    Ah! dame,
M'interrompre à tout coup, c'est me chiffonner l'âme,
Franchement.
MERLIN.
            Parlez bien. On ne dit point *navaux*,
Ni *fataux*, ni *régaux*, non plus que *carnavaux*;
Vouloir parler ainsi, c'est faire une sottise.
LA RISSOLE.
Eh! mordié! Comment donc voulez-vous que je dise?
Si vous me reprenez lorsque je dis des *mals*,
Inégals, *principals*, et des *vice-amirals*;
Lorsqu'un moment après pour me mieux faire entendre,
Je dis *fataux*, *régaux* devez-vous me reprendre?
J'enrage de bon cœur, quand je trouve un trigaud
Qui souffle tout ensemble et le froid et le chaud.
MERLIN.
J'ai la raison pour moi, qui me fait vous reprendre,
Et je vais clairement vous la faire comprendre.
Al est un singulier dont le pluriel fait *aux*;
On dit : C'est mon *égal*, et ce sont mes *égaux*.
Par conséquent on voit, par cette raison seule....
LA RISSOLE.
J'ai des démangeaisons de te casser la gueule.

MERLIN.
Vous !
LA RISSOLE.
Oui, palsandié ! moi. Je n'aime point du tout
Qu'on me berne d'un conte à dormir tout debout.
Lorsqu'on veut me railler, je donne sur la face.
MERLIN.
Et tu crois au *Mercure* occuper une place?
Toi ! Tu n'y seras pas, je t'en donne ma foi.
LA RISSOLE.
Mordié ! je me bats l'œil du *Mercure* et de toi ;
Et pour faire dépit, tant à toi qu'à ton maître,
Je te déclare, moi, que je n'y veux pas être ;
Plus de mille soldats en auraient acheté,
Pour voir en quel endroit La Rissole eût été ;
C'était argent comptant, car j'avais leur parole.
Adieu, pays ; c'est moi qu'on nomme la Rissole ;
Ces bras te deviendront ou fatals ou *fataux*.
MERLIN.
Adieu, guerrier fameux par tes combats *navaux*.
LA RISSOLE, *à part*.
Adieu, je m'en vais boire avec mon *caporaux*,
J'aurais dit tout à l'heure avec mon caporal ;
C'est comme mon chapeau qu'il faut nommer *chapal*.

SCÈNE V.

LES MÊMES, *moins* **LA RISSOLE.**

ERNEST.
Parbleu ! voilà encore un drôle d'original avec son chapal ! Tu as joliment plus de patience que moi, car il y a longtemps que je lui aurais ouvert la porte.

MERLIN.
Bah ! mon cher, il faut bien laisser dire les imbéciles. Si les hommes d'esprit seuls avaient le don de la parole, Dieu ! que de gens, dans ce bas monde, n'ouvriraient la bouche que pour bâiller !

ERNEST.
Oh ! oh ! on voit bien que tu fréquentes les gens de lettres ; tu fais des réflexions satiriques à l'adresse de ton prochain.

MERLIN.
Tu penses bien que ce n'est pas pour vous que je parle.

GUSTAVE.

Il ne manquerait plus que cela.

SCÈNE VI.
Les mêmes, JULES, *petit enfant.*

GUSTAVE.

Qu'est-ce que tu viens faire ici, bambin? Allons, fais ta commission, et laisse-nous causer tranquillement.

JULES.

J'ai interrompu monsieur?..... j'en suis vraiment désolé.

GUSTAVE.

Voyez-vous bien! Savez-vous, monsieur Jules, que vous avez l'air de me berner?

JULES.

Seulement l'air!... Je vous jure, monsieur Gustave, que vous êtes beaucoup trop modeste, et cela vous arrive si rarement que j'éprouve un véritable plaisir de vous en faire l'observation.

MERLIN.

Parfait! Il s'y prend de bonne heure pour mordre, le petit. Il a l'étoffe d'un véritable journaliste.

ERNEST

Bravo, Merlin! nourri dans le sérail, tu... (*A Jules.*) Mais, voyons, que veux-tu? Tu n'es pas venu ici, je suppose, pour faire des compliments à Gustave.

JULES.

Tu as raison, Ernest : seulement, ce n'est pas vous que je cherchais. J'ai quelques vers à réciter pour la distribution, je désirais trouver quelqu'un qui pût me donner des conseils.

GUSTAVE.

Toi, des vers! apprends donc tes prières, mon garçon, cela vaudra beaucoup mieux.

JULES.

Je crois savoir assez mes prières; du moins on ne me les a jamais données à rapporter, parce que je récitais du latin-chinois, comme quelqu'un que je pourrais bien nommer.

ERNEST.

Est-ce que, par hasard, on voudrait parler de toi, Gustave?

GUSTAVE.

Oh, mon cher! je m'en moque; seulement j'ai bien envie de m'assurer si les oreilles de ce bambin-là sont solides.

JULES.

Je n'en sais rien, mon ami Gustave, car elles n'ont pas été mises à l'épreuve aussi souvent que les tiennes.

GUSTAVE.

Ah! décidément, tu en veux; prends garde, mon petit, j'ai la main un peu leste.

MERLIN.

Voyons : c'est assez comme cela. Tu dis, mon bonhomme, que tu as des vers à réciter; tu vas nous les dire; je me flatte de m'y connaître un peu, et on pourra te donner un bon conseil.

GUSTAVE.

C'est vrai, nous allons nous constituer ton auditoire, et si tu manques seulement une virgule, gare les coups de sifflet.

JULES.

Pour te prouver que je n'ai peur ni de toi, ni de ton sifflet, je récite sur-le-champ.

L'Ange et l'Enfant.

Un ange au radieux visage,
Penché sur le bord d'un berceau,
Semblait contempler son image
Comme dans l'onde d'un ruisseau.

« Charmant enfant qui me ressemble,
Disait-il, oh! viens avec moi;
Viens, nous serons heureux ensemble,
La terre est indigne de toi.

« Là, jamais entière allégresse,
L'âme y souffre de ses plaisirs;
Les airs de joie ont leur tristesse,
Et les voluptés leurs soupirs.

La crainte est de toutes les fêtes;

Jamais un jour calme et serein
Du choc des vents et des tempêtes
N'a garanti le lendemain.

« Eh quoi ! les chagrins, les alarmes
Viendraient troubler ce front si pur !
Et dans l'amertume des larmes
Se terniraient tes yeux d'azur !

« Non, non ; dans les champs de l'espace
Avec moi tu vas t'envoler ;
La Providence t'a fait grâce
Des jours que tu devais couler.

« Que personne dans ta demeure
N'obscurcisse ses vêtements ;
Qu'on accueille ta dernière heure
Ainsi que tes premiers moments.

« Que les fronts y soient sans nuage
Que rien n'y révèle un tombeau ;
Quand on est pur comme à ton âge.
Le dernier jour est le plus beau. »

Et, secouant ses blanches ailes,
L'ange, à ces mots, a pris l'essor
Vers les demeures éternelles.....
Pauvre mère ! ton fils est mort..

GUSTAVE.

C'est fini ! A la bonne heure, mon pauvre petit. J'ai cru que tu allais te mettre à pleurer en finissant ton élégie, qui n'est pas gaie du tout.

MERLIN.

Le fait est que ces vers me paraissent un peu fades.

ERNEST.

Ma foi ! messieurs, je suis fâché d'être d'un avis contraire. Mais ces vers me semblent, à moi, les plus touchants, les plus délicats, les plus gracieux que j'aie jamais entendus ; ils m'ont causé un véritable plaisir, plaisir d'autant plus grand qu'ils sont sortis de la plume d'un ouvrier-poète, de M. Reboul, boulanger à Nîmes.

SCÈNE VII.

Les mêmes, ROBERT.

ROBERT.
Bonjour, les amis ! serviteur ! comment va la santé ?
ERNEST.
Tiens, c'est Robert. J'étais bien étonné de ne pas t'avoir encore aperçu aux environs du théâtre ; c'est cependant une vue qui doit ne pas t'attrister plus que les autres.
ROBERT.
La tristesse ! connais pas. Est-ce que les gens comme moi sont bâtis pour la tristesse ?
MERLIN.
Quelle fatuité, monsieur Robert !
ROBERT.
Fatuité ! Eh ! mon cher, parlez pour vous.

Que de faquins dans cette ville,
Monsieur Merlin, sans vous compter.
MERLIN.
Morbleu, cessez de plaisanter :
Un railleur m'échauffe la bile.
ROBERT.
Eh bien ! soit, changeons de style,
Déridez ce front mécontent.
Que de faquins dans cette ville,
Monsieur Merlin, en vous comptant !

MERLIN.
Savez-vous que vous êtes un mauvais plaisant ?
ROBERT.
Pourquoi me taquinez-vous ? Comme si je n'avais pas déjà assez de guignon.
ERNEST.
Toi ! c'est pour rire
ROBERT.
Mais non ! Imaginez-vous que tout à l'heure je fais une réflexion très-sensée, à ce que je crois. Je me

dis : Robert, mon cher ami, voici les vacances, que vas-tu faire de tes livres ? Moins que rien assurément. Alors, j'en fais un paquet, je le porte chez le bouquiniste d'en face qui ouvre thèmes, grammaires, dictionnaires, etc., les visite minutieusement, et finit par m'en offrir... devinez.

MERLIN.

Sept ou huit francs peut-être? ces gens-là sont si... consciencieux.

ERNEST.

Dix francs?

GUSTAVE.

Douze francs ?

ROBERT.

Ah bien! oui, douze francs; il m'en a offert dix sous.

MERLIN.

Le scélérat !

GUSTAVE.

Le juif !

ERNEST.

L'Arabe !

GUSTAVE.

Et tu ne lui as pas jeté ses dix sous à la tête ?

ROBERT.

Non, mon cher, je les ai jetés. . dans ma poche.

ERNEST.

Des livres qui nous coûtent si cher !

ROBERT.

C'est vrai, mais que veux-tu ! Il les a examinés, m'a fait remarquer qu'il y avait des oreilles à chaque feuille, que beaucoup de pages étaient déchirées, que les autres étaient pleines de bons hommes et de polichinelles, un tas de fariboles, quoi. Je me suis cru encore bien heureux d'en attraper cinquante centimes. Et puis les temps sont durs. Avec cela j'aurai toujours une fort jolie toupie d'Allemagne.

SCÈNE VIII.

Les mêmes, HENRI DE CRAC.

HENRI.

Ah! sapristi, quel bonheur de vous rencontrer! (*Ils s'embrassent.*)

GUSTAVE.

Tiens! c'est ce cher Henri de Crac. Que devenais-tu donc depuis tantôt six mois que l'on ne t'a vu?

HENRI.

J'ai voyagé.

ERNEST.

Et te voilà revenu pour toujours? Les voyages sont terminés?

HENRI.

Pour quelque temps du moins; mais c'est si agréable de voyager! Que je vous plains d'essuyer ainsi la poussière des bancs, quand il fait si bon à courir le monde.

ROBERT.

Appuyé; c'est mon opinion.

GUSTAVE.

Tu as dû voir de jolies choses en voyageant. Que de belles histoires tu vas nous raconter, hein!

HENRI.

Le fait est qu'il m'est arrivé d'assez singulières aventures.

GUSTAVE.

Tu pourrais bien nous en raconter une, qu'en dis-tu? Voyons, sois bien gentil.

HENRI.

C'est qu'il m'en est tant survenu! Vraiment, je suis embarrassé.

ROBERT.

Dis ce que tu voudras, prends au hasard; mais surtout pas de mensonges; la vérité, toute la vérité, rien que la vérité, comme l'on dit en termes de palais.

ERNEST, à part.

Alors il ne dira rien.

HENRI.

Des mensonges! Moi qui traverserais la mer à pied sec pour fuir les menteurs! Sois tranquille, je ne suis pas de ces soi-disant voyageurs qui, bien souvent, ne sont pas sortis de leur chambre et à qui il est toujours arrivé les aventures les plus étranges.

ERNEST.

A la bonne heure; comme cela nous t'écoutons.

HENRI.

Eh bien! voilà. Je parcourais le nord de la Russie au cœur de l'hiver; grâce à une épaisse couche de neige et à une bonne gelée, les grandes routes de la Courlande, plus difficiles, au rapport des voyageurs, que le chemin du Temple de la Vertu, étaient devenues praticables. Je voyageais à cheval, ce qui est la meilleure manière de voyager, pourvu que le cheval et le cavalier se portent bien.

MERLIN.

Bien entendu.

HENRI.

Or, imaginez-vous, messieurs, qu'un jour ou plutôt une nuit, je m'égarai dans une espèce de désert, au milieu de l'obscurité la plus complète. Il soufflait une bise à me geler le cœur dans la poitrine. J'avais beau regarder autour de moi, j'avais beau écouter de toutes mes oreilles; pas un village, pas un hameau, pas une maison, ni de près ni de loin. Le pays tout entier était couvert de neige, et je ne savais ni route ni chemin. Que faire! me demandai-je.

ROBERT.

En effet, la perspective n'était pas séduisante.

HENRI.

Ma résolution fut bientôt prise. Harassé de fatigue, je descendis des étriers et attachai mon cheval à une espèce de tronc d'arbre dont la pointe sortait de la neige. Pour plus de sûreté, je pris mes pistolets sous mon bras, je m'enveloppai soigneusement dans mon manteau et me couchai non loin de là sur la neige, où je m'endormis d'un si doux sommeil, que le jour était entièrement levé quand je rouvris les yeux. Mais quel fut mon étonnement en me trouvant, à mon réveil, au milieu d'un village et couché dans un cimetière ! Je regardai d'abord autour de moi, cherchant des yeux mon cheval sans le trouver. Ma surprise fut extrême, comme vous pouvez bien penser. Mais au même instant, j'entendis au-dessus de moi des gémissements sourds et prolongés. Je levai la tête, et j'aperçus mon pauvre compagnon attaché à la pointe du clocher, où il se trouvait suspendu par la bride. Diable ! m'écriai-je.

ERNEST.

Il y avait de quoi.

HENRI.

Aussi de la main je me frappai le front; j'avais compris la cause de ce singulier événement. Car, sachez, messieurs, que le village avait été entièrement couvert de neige la veille, et que, pendant la nuit, le dégel était subitement survenu, de sorte que, durant mon sommeil, j'étais descendu tout doucement, tout doucement, à mesure que la neige s'était fondue. Ce que, dans l'obscurité, j'avais pris pour une tige d'arbre qui pointait au-dessus de la neige, et à laquelle j'avais attaché mon cheval, était tout bonnement la croix du clocher de l'église.

ROBERT.

Et ton cheval y est encore pendu ?

HENRI.

Non pas : sans me perdre en de longs expédients, je pris un de mes pistolets, visai droit à la bride du cheval et lâchai la détente. De cette manière je revins heureusement en possession de ma monture et me remis immédiatement en route, laissant suspendu derrière moi un témoin oculaire de cette miraculeuse aventure.

ERNEST.

Eh bien, mon cher, c'est un témoin que je voudrais bien voir.

HENRI.

Parbleu ! tu n'as qu'à y aller ; je te jure que tu le verras encore.

ERNEST.

Merci, c'est un peu trop loin. (*A part.*) J'aime mieux ne pas te croire.

HENRI.

Je continuais joyeusement ma route, quand j'aperçus, au détour d'une forêt, un admirable renard noir. En vérité, c'eût été un péché de trouer d'une balle cette magnifique fourrure. J'avisai donc au moyen de le prendre d'une autre façon : messire renard se trouvait alors près du tronc d'un gros arbre ; cette position, comme vous allez voir, favorisait merveilleusement mon projet. Je laissai glisser dans mon fusil un gros clou en guise de balle : je fis feu, et j'eus la satisfaction de voir le projectile frapper la queue de l'animal, et la clouer fortement contre l'arbre. Alors j'avançai vers mon prisonnier, tirai mon couteau de chasse, et après lui avoir fait au front une entaille en forme de croix, je me mis à le fouetter impitoyablement de toutes mes forces. J'y allais de si beau jeu et d'une main si ferme, que, chose merveilleuse et plaisante à voir, il se dégagea entièrement de sa peau, et me laissa en fuyant la plus belle fourrure que j'aie vue de ma vie.

MERLIN.

Mon Dieu ! quelle belle chose que les voyages ! voilà une histoire qui va me fournir un article mirobolant de quatre grandes colonnes dans mon journal. On n'a pas tous les jours d'aussi belles occasions.

SCÈNE IX.

Les mêmes, M. JOURDAIN ; *il est en robe de chambre et coiffé d'une calotte grecque.*

JOURDAIN.

Messieurs, j'ai bien l'honneur de vous saluer.

GUSTAVE.

Ah ! mon Dieu ; regardez donc un peu ce costume !

ROBERT.

Tiens, ce doit être un marchand d'orviétan...

ERNEST.

Ou bien un avaleur de sabres et de poignards.

JULES.

Ou un vendeur de racines recueillies au sommet du mont Caucase.

MERLIN.

Voyons un peu : je vais probablement trouver un article à confectionner sur ceci.

ROBERT.

Ah! ah! ah! la bonne farce! c'est Jourdain qui a pris la distribution pour un bal masqué.

GUSTAVE.

Tiens, en effet, c'est Jourdain.

JOURDAIN.

Moi-même, mes amis. Est-ce que vous ne me trouvez pas bien ainsi?

ERNEST.

Oui, pour faire rire. Explique-nous donc un peu pourquoi tu t'es costumé de la sorte.

JOURDAIN.

Voilà l'affaire : Je me suis arrangé avec quatre de mes amis, pour jouer quelques scènes de Molière, et j'attends mon maître de musique, mon maître de danse, mon maître d'armes et mon maître de philosophie. Attention, je les entends qui viennent; asseyez-vous, prenez vos places, et vous allez assister à la répétition.

SCÈNE X.

Les mêmes, M. JOURDAIN, le maitre de musique, le maitre a danser.

LE MAITRE DE MUSIQUE.

Vous devriez apprendre la musique, monsieur, comme vous faites la danse. Ce sont deux arts qui ont une étroite liaison ensemble.

LE MAITRE A DANSER.

Et qui ouvrent l'esprit d'un homme aux belles choses.

M. JOURDAIN.

Est-ce que les gens de qualité apprennent aussi la musique?

LE MAITRE DE MUSIQUE.

Oui, monsieur.

M. JOURDAIN.

Je l'apprendrai donc, mais je ne sais quel temps je

pourrai prendre; car, outre le maître d'armes qui me montre, j'ai arrêté encore un maître de philosophie qui doit commencer ce matin.

LE MAITRE DE MUSIQUE.

La philosophie est quelque chose, mais la musique, monsieur, la musique...

LE MAITRE A DANSER.

La musique et la danse... La musique et la danse, c'est là tout ce qu'il faut.

LE MAITRE DE MUSIQUE.

Il n'y a rien qui soit si utile dans un état que la musique.

LE MAITRE A DANSER.

Il n'y a rien qui soit si nécessaire aux hommes que la danse.

LE MAITRE DE MUSIQUE.

Sans la musique, un état ne peut subsister.

LE MAITRE A DANSER.

Sans la danse, un homme ne saurait rien faire.

LE MAITRE DE MUSIQUE.

Tous les désordres, toutes les guerres qu'on voit dans le monde, n'arrivent que pour n'apprendre pas la musique.

LE MAITRE A DANSER.

Tous les malheurs des hommes, tous les revers funestes dont les histoires sont remplies, les bévues des politiques, et les manquements des grands capitaines, tout cela n'est venu que faute de savoir danser.

M. JOURDAIN.

Comment cela?

LE MAITRE DE MUSIQUE.

La guerre ne vient-elle pas d'un manque d'union entre les hommes?

M. JOURDAIN.

Cela est vrai.

LE MAITRE DE MUSIQUE.

Et si tous les hommes apprenaient la musique, ne serait-ce pas le moyen de s'accorder ensemble, et de voir dans le monde la paix universelle?

M. JOURDAIN.
Vous avez raison.
LE MAITRE A DANSER.
Lorsqu'un homme a commis un manquement dans sa conduite, soit aux affaires de sa famille, ou au gouvernement d'un Etat, ou au commandement d'une armée, ne dit-on pas toujours : Un tel a fait un faux pas dans telle affaire?
M. JOURDAIN.
Oui, on dit cela.
LE MAITRE A DANSER.
Et faire un faux pas peut-il procéder d'autre chose que de ne savoir pas danser?
M. JOURDAIN.
Cela est vrai, et vous avez raison tous deux.
LE MAITRE A DANSER.
C'est pour vous faire voir l'excellence et l'utilité de la danse et de la musique.
M. JOURDAIN.
Je comprends cela à cette heure.

SCÈNE XI.
LES MÊMES, UN LAQUAIS.

LE LAQUAIS.
Monsieur, voilà votre maître d'armes qui est là.
M. JOURDAIN.
Dis-lui qu'il entre ici pour me donner leçon. (*Au maître de musique et au maître de danse.*) Je veux que vous me voyiez faire.

SCÈNE XII.
LES MÊMES, UN MAITRE D'ARMES.

LE MAITRE D'ARMES.
Je vous l'ai déjà dit, tout le secret des armes ne consiste qu'en deux choses: à donner et à ne point recevoir; et comme je vous le fis voir l'autre jour par raison démonstrative, il est impossible que vous receviez, si vous savez détourner l'épée de votre en-

nemi de la ligne de votre corps; ce qui ne dépend seulement que d'un petit mouvement du poignet, en dedans ou en dehors.

M. JOURDAIN.

De cette façon donc, un homme, sans avoir du cœur, est sûr de tuer son homme et de n'être point tué?

LE MAITRE D'ARMES.

Sans doute, n'en vîtes-vous pas la démonstration?

M. JOURDAIN.

Oui.

LE MAITRE D'ARMES.

Et c'est en quoi l'on voit de quelle considération nous autres, nous devons être dans un Etat; et combien la science des armes l'emporte hautement sur toutes les autres sciences inutiles, comme la danse, la musique, la...

LE MAITRE A DANSER.

Tout beau, monsieur le tireur d'armes. Ne parlez de la danse qu'avec respect.

LE MAITRE DE MUSIQUE.

Apprenez, je vous prie, à mieux traiter l'excellence de la musique.

LE MAITRE D'ARMES.

Vous êtes de plaisantes gens, de vouloir comparer votre science à la mienne!

LE MAITRE DE MUSIQUE.

Voyez un peu l'homme d'importance!

LE MAITRE A DANSER.

Voilà un plaisant animal, avec son plastron!

LE MAITRE D'ARMES.

Mon petit maître à danser, je vous ferai danser comme il faut. Et vous, mon petit musicien, je vous ferai chanter de la belle manière.

LE MAITRE A DANSER.

Monsieur le batteur de fer, je vous apprendrai votre métier.

M. JOURDAIN, *au maître à danser.*

Etes-vous fou de l'aller quereller, lui qui entend la tierce et la quarte, et qui sait tuer un homme par raison démonstrative?

LE MAITRE A DANSER.

Je me moque de sa raison démonstrative, et de sa tierce et de sa quarte.

M. JOURDAIN, *au maître à danser.*

Tout doux, vous dis-je.

LE MAITRE D'ARMES, *au maître à danser.*

Comment ! petit impertinent.

M. JOURDAIN.

Hé ! mon maître d'armes !

LE MAITRE A DANSER, *au maître d'armes.*

Comment ! grand cheval de carrosse !...

M. JOURDAIN.

Hé ! mon maître à danser !

LE MAITRE D'ARMES.

Si je me jette sur vous...

M. JOURDAIN, *au maître d'armes.*

Doucement !

LE MAITRE A DANSER.

Si je mets sur vous la main...

M. JOURDAIN.

Tout beau !

LE MAITRE D'ARMES.

Je vous étrillerai d'un air...

M. JOURDAIN.

De grâce !

LE MAITRE A DANSER.

Je vous rosserai d'une manière...

M. JOURDAIN.

Je vous prie.

LE MAITRE DE MUSIQUE.

Laissez-nous un peu lui apprendre à parler.

M. JOURDAIN.

Mon Dieu ! arrêtez-vous !...

SCÈNE XIII.

Les mêmes, un maitre de philosophie.

M. JOURDAIN.

Holà ! monsieur le philosophe, vous arrivez tout à

propos avec votre philosophie. Venez un peu mettre la paix entre ces personnes-ci.

LE MAITRE DE PHILOSOPHIE.

Qu'est-ce donc? Qu'y a-t-il, messieurs?

M. JOURDAIN.

Ils se sont mis en colère pour la préférence de leurs professions, jusqu'à se dire des injures, et à vouloir en venir aux mains.

LE MAITRE DE PHILOSOPHIE.

Eh quoi, messieurs, faut-il s'emporter de la sorte? Et n'avez-vous point lu le docte traité que Sénèque a composé sur la colère ? Y a-t-il rien de plus bas et de plus honteux que cette passion, qui fait d'un homme une bête féroce ? Et la raison ne doit-elle pas être maîtresse de tous nos mouvements?

LE MAITRE A DANSER.

Comment, monsieur, il vient nous dire des injures à tous deux, en méprisant la danse que j'exerce, et la musique dont il fait profession.

LE MAITRE DE PHILOSOPHIE.

Un homme sage est au-dessus de toutes les injures qu'on lui peut dire; et la grande réponse qu'on doit faire aux outrages, c'est la modération et la patience.

LE MAITRE D'ARMES.

Ils ont tous deux l'audace de vouloir comparer leurs professions à la mienne !

LE MAITRE DE PHILOSOPHIE.

Faut-il que cela vous émeuve! Ce n'est pas de vaine gloire que les hommes doivent disputer entre eux; et ce qui nous distingue parfaitement les uns des autres, c'est la sagesse et la vertu.

LE MAITRE A DANSER.

Je lui soutiens que la danse est une science à laquelle on ne peut faire assez d'honneur.

LE MAITRE DE MUSIQUE.

Et moi, que la musique en est une que tous les siècles ont révérée.

LE MAITRE D'ARMES.

Et moi, je leur soutiens à tous deux que la science

de tirer des armes est la plus belle et la plus nécessaire de toutes les sciences.

LE MAITRE DE PHILOSOPHIE.

Et que sera donc la philosophie? Je vous trouve tous trois bien impertinents, de parler devant moi avec cette arrogance, et de donner impudemment le nom de sciences à des choses que l'on ne doit pas même honorer du nom d'art, et qui ne peuvent être comprises que sous le nom de métier misérable de gladiateur, de chanteur et de baladin!

LE MAITRE D'ARMES.

Allez, philosophe de chien.

LE MAITRE DE MUSIQUE.

Allez, belître de pédant.

LE MAITRE A DANSER.

Allez, cuistre fieffé.

LE MAITRE DE PHILOSOPHIE.

Comment! marauds que vous êtes... (*Le philosophe se jette sur eux, et tous trois le chargent de coups.*)

M. JOURDAIN.

Monsieur le philosophe!

LE MAITRE DE PHILOSOPHIE.

Infâmes, coquins, insolents!

M. JOURDAIN.

Monsieur le philosophe!

LE MAITRE D'ARMES.

La peste! l'animal!

M. JOURDAIN.

Messieurs!

LE MAITRE DE PHILOSOPHIE.

Impudents!

M. JOURDAIN.

Monsieur le philosophe!

LE MAITRE A DANSER.

Diantre soit de l'âne bâté!

M. JOURDAIN.

Messieurs!

LE MAITRE DE PHILOSOPHIE.

Scélérats!

M. JOURDAIN.
Monsieur le philosophe!
LE MAITRE DE MUSIQUE.
Au diable l'impertinent!
M. JOURDAIN.
Messieurs!
LE MAITRE DE PHILOSOPHIE.
Fripons, gueux, traîtres, imposteurs!
M. JOURDAIN.
Monsieur le philosophe, messieurs, monsieur le philosophe, messieurs, monsieur le philosophe! (*Ils sortent en se battant.*)

SCÈNE XIV.

M. JOURDAIN.
Oh! battez-vous tant qu'il vous plaira : je n'y saurais que faire, et je n'irai pas gâter une robe de chambre toute neuve pour vous séparer. Je serais bien fou de m'aller fourrer parmi eux, pour recevoir quelque coup qui me ferait mal.

SCÈNE XV.

LE MAITRE DE PHILOSOPHIE, M. JOURDAIN.

LE MAITRE DE PHILOSOPHIE, *raccommodant son collet.*
Venons à notre leçon.
M. JOURDAIN.
Ah! monsieur, je suis fâché des coups qu'ils vous ont donnés.
LE MAITRE DE PHILOSOPHIE.
Ce n'est rien : un philosophe sait recevoir comme il faut les choses ; et je vais composer contre eux une satire du style de Juvénal, qui les déchirera de la belle sorte. Laissons cela. Que voulez-vous apprendre?
M. JOURDAIN.
Tout ce que je pourrai ; car j'ai toutes les envies du monde d'être savant; et j'enrage que mon père et ma mère ne m'aient pas fait étudier dans toutes les sciences, quand j'étais jeune.

LE MAITRE DE PHILOSOPHIE.
Ce sentiment est raisonnable, *nam sinè doctrinâ, vita est quasi mortis imago*. Vous entendez cela, et vous savez le latin, sans doute?
M. JOURDAIN.
Oui; mais faites comme si je ne le savais pas. Expliquez-moi ce que cela veut dire.
LE MAITRE DE PHILOSOPHIE.
Cela veut dire que, *sans la science, la vie est presque une image de la mort*.
M. JOURDAIN.
Ce latin-là a raison.
LE MAITRE DE PHILOSOPHIE.
N'avez-vous point quelques principes, quelques commencements des sciences?
M. JOURDAIN.
Ah! oui, je sais lire et écrire.
LE MAITRE DE PHILOSOPHIE.
Par où vous plaît-il que nous commencions? Voulez-vous que je vous apprenne la logique?
M. JOURDAIN.
Qu'est-ce que c'est que cette logique?
LE MAITRE DE PHILOSOPHIE.
C'est elle qui enseigne les trois opérations de l'esprit.
M. JOURDAIN.
Quelles sont-elles, ces trois opérations de l'esprit?
LE MAITRE DE PHILOSOPHIE.
La première, la seconde et la troisième. La première est de bien concevoir, par le moyen des universaux; la seconde, de bien juger, par le moyen des catégories; et la troisième, de bien tirer une conséquence, par le moyen des figures : *Barbara, Celarent, Darii, Serio, Baralipton*, etc.
M. JOURDAIN.
Voilà des mots qui sont trop rébarbatifs. Cette logique-là ne me revient point. Apprenez-moi autre chose qui soit plus joli.
LE MAITRE DE PHILOSOPHIE.
Voulez-vous apprendre la morale?

M. JOURDAIN.

Qu'est-ce qu'elle dit cette morale?

LE MAITRE DE PHILOSOPHIE.

Elle traite de la félicité, enseigne aux hommes à modérer leurs passions, et...

M. JOURDAIN.

Non : laissons cela. Je suis bilieux comme tous les diables, et il n'y a morale qui tienne, je me veux mettre en colère tout mon soûl, quand il m'en prend envie.

LE MAITRE DE PHILOSOPHIE.

Est-ce la physique que vous voulez apprendre?

M. JOURDAIN.

Qu'est-ce qu'elle chante, cette physique?

LE MAITRE DE PHILOSOPHIE.

La physique est celle qui explique les principes des choses naturelles et les propriétés des corps; qui discourt de la nature, des éléments, des métaux, des minéraux, des pierres, des plantes et des animaux, et nous enseigne les causes de tous les météores, l'arc-en-ciel, les feux volants, les comètes, les éclairs, le tonnerre, la foudre, la pluie, la neige, la grêle, les vents et les tourbillons.

M. JOURDAIN.

Il y a trop de tintamarre là dedans, trop de brouillamini.

LE MAITRE DE PHILOSOPHIE.

Que voulez-vous donc que je vous apprenne ?

M. JOURDAIN.

Apprenez-moi l'orthographe.

LE MAITRE DE PHILOSOPHIE.

Très-volontiers.

M. JOURDAIN.

Après, vous m'apprendrez l'almanach pour savoir quand il y a de la lune, et quand il n'y en a point.

LE MAITRE DE PHILOSOPHIE.

Soit. Pour bien suivre votre pensée et traiter cette matière en philosophe, il faut commencer, selon l'ordre des choses, par une exacte connaissance de la nature des lettres et de la différente manière de les prononcer toutes. Et là-dessus, j'ai à vous dire que les lettres sont divisées en voyelles, parce qu'elles expriment la voix, et en consonnes, ainsi appelées consonnes, parce qu'elles sonnent avec les voyelles, et ne font que marquer les diverses articulations des voix. Il y a cinq voyelles ou voix : A, E, I, O, U.

M. JOURDAIN.
J'entends tout cela.

LE MAITRE DE PHILOSOPHIE.
La voix A se forme en ouvrant fort la bouche : A.

M. JOURDAIN.
A, A. Oui.

LE MAITRE DE PHILOSOPHIE.
La voix E se forme en rapprochant la mâchoire d'en bas de celle d'en haut : A, E.

M. JOURDAIN.
A, E ; A, E. Ma foi, oui. Ah ! que cela est beau !

LE MAITRE DE PHILOSOPHIE.
Et la voix I, en rapprochant encore davantage les mâchoires l'une de l'autre, et écartant les deux coins de la bouche vers les oreilles : A, E, I.

M. JOURDAIN.
A, E, I, I, I, I. Cela est vrai, vive la science !

LE MAITRE DE PHILOSOPHIE.
La voix O se forme en rouvrant les mâchoires et en rapprochant les lèvres par les deux coins, le haut et le bas : O.

M. JOURDAIN.
O, O. Il n'y a rien de plus juste. A, E, I, O ; I, O. Cela est admirable ! I, O ; I, O.

LE MAITRE DE PHILOSOPHIE.
L'ouverture de la bouche fait justement comme un petit rond qui représente un O.

M. JOURDAIN.
O, O, O. Vous avez raison. O. Ah ! la belle chose que de savoir quelque chose ! O, O, O.

LE MAITRE DE PHILOSOPHIE.
La voix U se forme en rapprochant les dents sans les joindre entièrement, et allongeant les deux lèvres

en dehors, les approchant aussi l'une de l'autre sans les joindre tout à fait : U.

M. JOURDAIN.

U, U. Il n'y a rien de plus véritable : U.

LE MAITRE DE PHILOSOPHIE.

Vos deux lèvres s'allongent comme si vous faisiez la moue : d'où vient que si vous vouliez la faire à quelqu'un et vous moquer de lui, vous ne sauriez lui dire que : U.

M. JOURDAIN.

U, U. Cela est vrai. Ah! que n'ai-je étudié plus tôt, pour savoir tout cela!

LE MAITRE DE PHILOSOPHIE.

Demain, nous verrons les autres lettres, qui sont les consonnes.

M. JOURDAIN.

Est-ce qu'il y a des choses aussi curieuses qu'à celles-ci?

LE MAITRE DE PHILOSOPHIE.

Sans doute. La consonne D, par exemple, se prononce en donnant du bout de la langue au-dessus des dents d'en haut : DA.

M. JOURDAIN.

DA, DA. Oui. Ah! les belles choses! les belles choses!

LE MAITRE DE PHILOSOPHIE.

L'F, en appuyant les dents d'en haut sur la lèvre de dessous : FA.

M. JOURDAIN.

FA, FA. C'est la vérité. Ah! mon père et ma mère, que je vous veux du mal!

LE MAITRE DE PHILOSOPHIE.

Et l'R, en portant le bout de la langue jusqu'au haut du palais; de sorte qu'étant frôlée par l'air qui sort avec force, elle lui cède et revient toujours au même endroit, faisant une manière de tremblement : R, RA.

M. JOURDAIN.

R, R, RA; R, R, R, R, R, RA. Cela est vrai. Oh!

l'habile homme que vous êtes, et que j'ai perdu de temps ! R. R, R, RA.
LE MAITRE DE PHILOSOPHIE.
Je vous enseignerai à fond toutes ces curiosités.

SCÈNE XVI.
Les mêmes, ALFRED.

ALFRED.
Est-ce que j'arriverais trop tard?
GUSTAVE.
Comment cela, Alfred?
ALFRED.
Je vous vois réunis comme si la distribution des prix était ouverte.
ERNEST.
Mon cher, nous sommes rassemblés pour répéter encore une fois ce que nous avons à dire devant nos parents et nos amis, lorsqu'ils seront arrivés.
ALFRED.
Devant nos parents et devant nos amis lorsqu'ils seront arrivés?
HENRI.
Comme tu le dis : mais explique-nous donc pourquoi tu as l'air si interloqué?
ALFRED.
Ah! mais, c'est à ne pas y croire. Ah çà! est-ce que vous êtes sourds?
GUSTAVE.
Je ne le pense pas.
ALFRED.
Vous avez donc la berlue?
ERNEST.
Pas le moins du monde, mon cher.
ALFRED.
Alors, c'est que vous êtes fous.
MERLIN.
Voyons, Alfred, explique-toi, et ne parle plus par énigmes.
ALFRED.
Vous attendez vos parents et vos amis, n'est-ce pas?

TOUS.

Oui.

ALFRED.

Et aussitôt qu'ils seront réunis, vous réciterez devant eux, solennellement, les morceaux de prose et de poésie que vous avez appris dans cette intention ?

TOUS.

Oui! oui!

ALFRED.

Toi, Gustave, la *Harangue du curé de Montlhéry?*

GUSTAVE.

Oui.

ALFRED.

Toi, Ernest, la fable de *la Cigale et la Fourmi?*

ERNEST.

Oui.

ALFRED.

Toi, Merlin, ton *Dialogue avec La Rissole?*

MERLIN.

Oui.

ALFRED.

Toi, Henri, les *Aventures merveilleuses de monsieur de Crac?*

HENRI.

Oui.

ALFRED.

Toi, Jules, une charmante poésie de monsieur Reboul?

JULES.

Oui, *l'Ange et l'Enfant.*

ALFRED.

Enfin, toi, Jourdain, quelques scènes comiques du *Bourgeois Gentilhomme?*

JOURDAIN.

Oui! oui! cent fois oui! mais où veux-tu en venir?

ALFRED.

Un peu de patience, mon cher Jourdain, un peu de philosophie. (*Reprenant.*) Et vous dites que vous n'avez pas la berlue?

TOUS.

Non!

ALFRED.

Que vous n'êtes pas sourds?

TOUS.

Non !

ALFRED.

Enfin, que vous n'êtes pas fous, archi-fous?

TOUS.

Non! non!! non!!!

ALFRED.

Mais, misérables étourdis que vous êtes, regardez donc devant vous, et dites-moi ce que vous y voyez?

TOUS, *frappés de surprise.*

C'est vrai.

ERNEST.

C'est à n'y pas croire. Comment ne nous en sommes-nous pas aperçus?

GUSTAVE.

Et moi qui croyais parler à mon chapeau?

HENRI.

Ah! ma foi, tant pis! je ne reviens pas sur ce que j'ai dit.

ERNEST.

Tu as tes raisons pour cela.

MERLIN.

Comment faire, maintenant?

ERNEST.

Oui, comment nous tirer de là?

ALFRED.

C'est bien simple, laissez-moi faire. (*Se tournant vers le public.*) Messieurs, mes amis, par une étourderie naturelle à leur âge, se croyant en petit comité, viennent de réciter entre eux quelques morceaux, sans paraître, pour le moment, ambitionner vos suffrages. Si cependant vous pensez qu'ils n'en sont pas tout à fait indignes, veuillez ne pas vous gêner pour leur en donner quelques preuves. Je connais mes amis; ils ne sont pas fiers, et je suis sûr qu'ils accepteront de grand cœur. (*Il frappe plusieurs petits coups dans ses mains comme pour donner le signal des applaudissements.*)

AIR : *La bonne aventure au gai.*

GUSTAVE.

Le curé de Montlhéry
　Etait un brave homme,
Aussi le bon roi Henri
　Lui bissa la somme.

ERNEST.

Dame fourmi reçut mal
　La pauvre emprunteuse,
N'est-ce que chez l'animal ?
　La chose est douteuse.

MERLIN.

On lira demain matin
　Dans notre Mercure,
Que l'on a bissé Merlin,
　J'en fais la gageure

JULES.

Un bel ange aux ailes d'or
　Est bien fait pour plaire,
Mais je veux rester encor
　Auprès de ma mère.

ROBERT, *montrant une pièce de dix sous.*

Je possède un demi-franc,
　Faut-il que j'achète
Un château ? non je suis franc,
　Dix sous de galette.

DE CRAC.

Je vous le dis sans façon,
　Mon fameux voyage
Est un voyage gascon :
　Vérité soulage.

JOURDAIN, *montrant le philosophe.*

Monsieur qui d'science est imbu
　M'a montré-z-à lire,
Lire ba, be, bi, bo bu,
　Ce n'est pas peu dire.

LE PHILOSOPHE.

J'ai beaucoup étudié
　La philosophie,
Pourtant si je suis sifflé
　Ça me contrarie.

ALFRED, *au public.*

Si quelqu'un n'est pas content
　De cette séance,
On lui rendra son argent
　Moyennant quittance.

FIN

Imprimé par Charles Noblet, rue So[...] 48.

www.ingramcontent.com/pod-product-compliance
Lightning Source LLC
Chambersburg PA
CBHW060713050426
42451CB00010B/1411